HISTÓRIA DAS FERROVIAS DO BRASIL: MADEIRA-MAMORÉ

JOSÉ MANOEL FERREIRA GONÇALVES

HISTÓRIA DAS FERROVIAS DO BRASIL: MADEIRA-MAMORÉ

SENDAS
edições

editor Sálvio Nienkötter
capa Karina Déa
editoração Bárbara Tanaka
revisão Marcos Pamplona
produção Cristiane Nienkötter

Dados Internacionais de Catalogação na Publicação (CIP)
Andreia de Almeida CRB-8/7889

Gonçalves, José Manoel Ferreira
Madeira-Mamoré : história das ferrovias do Brasil — volume I / José Manoel Ferreira Gonçalves. – Curitiba : Sendas Edições, 2017.
94 p. : il.

ISBN 978-85-68462-43-0

1. Estrada de Ferro Madeira-Mamoré – História 2. Estradas de ferro - Brasil – História I. Título

CDD 385.09811

Sendas Edições é um selo da Kotter Editorial.

Rua das Cerejeiras, 194
82700-510 | Curitiba/PR
+55 41 3585-5161
www.sendasedicoes.com.br
contato@kotter.com.br

1ª edição
2017

Sumário

À minha mãe, Esmeralda Ferreira,
que até hoje me aponta os melhores trilhos.

AULA DE HISTÓRIA

por Heródoto Barbeiro

> *Se quisermos progredir, não devemos repetir a história, mas fazer uma história nova.*
>
> — Mahatma Ghandi

Povo que não tem história para contar não tem o reconhecimento de outros povos. Há países que sabem disso há muito tempo — por isso sempre incluem no roteiro turístico obrigatório uma visita pelo menos ao museu nacional. Sabem que um pouco de sua civilização será levado na cabeça do turista para que conte quando voltar para a casa. É um bem intangível, mas que marca de forma indelével o local visitado. Há inúmeros exemplos no mundo, e eu mesmo tive oportunidade de conhecer vários museus, um deles na Albânia. Em que pese a pobreza atual da ex-república soviética, o Museu Nacional, em Tirana, é maravilhoso. Não se sai de lá sem livros e lembranças do passado cultuado. O museu marítimo em Talin, na Estônia, também um país pobre, é outro exemplo. Os países ricos têm muito mais para mostrar.

Nós estamos aprendendo a lição. O presente trabalho de José Manoel é uma contribuição importante para a reconstrução da história do Brasil. É uma epopeia pouco conhecida e pouco divulgada nas aulas de história da nossa escola. Os livros didáticos dedicam pouca importância. O presente *Madeira-Mamoré* resgata uma época importante e dá uma oportunidade para que a sociedade brasileira conheça melhor uma façanha que se iguala ao esforço da abertura do Canal do Panamá pelos americanos, ambos contemporâneos do início do século 20. Esse último, por razões óbvias, muito mais conhecido e divulgado mundialmente.

Uma das belezas da História é que ela é sempre recontada a partir de uma visão do presente. José Manoel dá uma contribuição para que se recupere todo o passado do ferroviarismo do Brasil e nos obriga a avaliar a importância que esse meio de transporte tem para o atual momento de desenvolvimento da nossa economia. É lamentável que uma parte desse acervo ou se perdeu, ou está em péssimo estado de conservação, mas isso não pode ser um impedimento para a pesquisa histórica e a recuperação de um esforço tão grande do Brasil. Este primeiro volume não é uma visão saudosista, pelo contrário, é um desafio para a construção do presente e o futuro do nosso país. Como jornalista e, portanto, leigo também nesse assunto, toda vez que preciso de um especialista para explicar para o público aspectos dos transportes ferroviários, lanço mão do conhecimento e da paciência de José Manoel, a quem, a partir deste trabalho de fôlego, considero também um historiador.

Heródoto Barbeiro é jornalista, âncora do jornal da *Record News* e professor emérito da ESPM.

APRESENTAÇÃO

por Allen Habert

Uma primeira qualidade deste livro é que pode ser lido em um fôlego. Tratado como uma saga, narra e interpreta com vivacidade os fatos e tem, por isso, particular importância. Sintetiza um conjunto de peles que se sobrepõem e que formam um fio condutor até a atualidade brasileira e latino-americana de hoje.

A história breve e trágica da Estrada de Ferro Madeira-Mamoré, ou a "Estrada da Morte", ou a "Ferrovia do Diabo" iniciada em 1908 e concluída em 1912, de 366 quilômetros e 750 mil dormentes, mostra a diferença do discurso da modernização com o da modernidade. A irracionalidade da modernização a qualquer custo em condições inimagináveis e alucinadas de trabalho no começo do século

XX fazem da construção das pirâmides, há 3.500 anos, um oásis no deserto frente ao inferno dessa construção na selva amazônica. Santos Dumont, nesse período, já era o brasileiro mais famoso do mundo. Um *pop star* internacional manejando e domando máquinas no azul do céu.

Essa dicotomia entre a modernização e a modernidade, ressaltada por Raymundo Faoro, envolve o duelo no Brasil e no mundo de hoje entre o capitalismo selvagem e o capitalismo com inclusão social. Isso permeia o livro e as batalhas da contemporaneidade.

O livro se passa na floresta amazônica, na época do declínio da extração da borracha. Maior reserva de biomassa e o maior Vale de Biogenética do planeta, a Amazônia representa 59% do território brasileiro. A sagacidade e habilidade política do chanceler brasileiro, o Barão do Rio Branco, ao assinar com a Bolívia o Tratado de Petrópolis em 1903, resultou na integração do território do Acre ao país. Com 152 mil quilômetros quadrados, esse estado trepidante é maior que o estado do Ceará, e 3,5 vezes maior que o estado do Rio de Janeiro. Não é pouco!

Os interesses norte-americanos, instalados no país desde antes da proclamação da República, aparecem através empresa da Madeira Mamoré Railway Co., presidida pelo especulador Percival Farquhar. Essa empresa ganha a licitação da construção da Estrada de Ferro Madeira-Mamoré e tem a concessão de funcionamento por módicos 60 anos. Em 1931, desiste da concessão e a estrada vira integrante da malha federal pública até o seu triste declínio e fechamento em 1966.

A questão das ferrovias e da necessidade de se reconstruir nossa malha ferroviária neste continente Brasil é uma questão estratégica e premente para nosso desenvolvimento. A infraestrutura logística deficitária dificulta a integração sul-americana, encarecendo produtos e não possibilitando a integração humana e regional. A engenharia brasileira fixou-se com a construção civil e a cultura ferroviária. Essa engenharia sobre trilhos possui uma experiência tecnológica, de manutenção e de gestão muito grandes e já comprovadas.

A criação da UNASUL por meio da contribuição genial do Barão do Rio Branco do século XXI, o chanceler Celso Amorim, tem um papel singular nessa longa batalha pela democracia, cultura, CT&I, desenvolvimento e soberania dos países sul-americanos.

O doutor em engenharia, também advogado e jornalista, e amigo José Manoel entende bem essas questões e suas implicações. Transformou-se num incansável guerreiro de vanguarda dessa causa ferroviária no país. Com sua liderança, iniciativa e devotamento à causa, tem contribuído junto às entidades representativas, universidades, partidos políticos e poderes públicos para conscientizar a opinião pública e fazer as coisas acontecerem.

Tenho convicção que a engenharia brasileira e o movimento dos engenheiros irmanados com todos os profissionais de nível universitário são integrantes de um pensamento nacional possuidor de uma visão da construção de uma Nação e de um povo soberanos. Nossa geração ainda vai oferecer uma contribuição marcante para a superação dos nossos impasses e a conquista de um novo salto em nosso desenvolvimento.

Allen Habert é engenheiro de produção, foi presidente do Sindicato dos Engenheiros no Estado de São Paulo, membro do Conselho Universitário da Unicamp e é diretor de articulação nacional da CNTU - Confederação Nacional dos Trabalhadores Liberais Universitários Regulamentados.

Caro leitor,

Neste livro procuro apresentar a épica história da ferrovia Madeira-Mamoré de uma maneira econômica, didática e isenta, desobrigando-me tanto quanto possível da opinião pessoal, da visão particular. Essa isenção é necessária para que o livro cumpra sua função.

Não obstante, valho-me aqui desse espaço inicial para expressar que como militante da causa ferroviária, presidindo uma das organizações mais atuantes nos diversos foros competentes, a FerroFrente, lanço este livro — que pretende ser o primeiro de uma série de livros sobre a história ferroviária brasileira — como uma homenagem aos personagens que levaram a cabo um tal projeto, superando todos os tipos de adversidades, inclusive os mais lamentáveis, como o custo de vidas humanas, a cujas almas dedico também este opúsculo, mas com a tenacidade e a visão que, infelizmente, não temos verificado nos homens de nossa época, algo tão mais lamentável quando nos damos conta das facilidades de hoje frente às dificuldades enfrentadas por esses desbravadores de ontem.

Este livro é também meu brado de alerta. Que a história não obscureça nosso tempo e a grandeza da nossa pátria. O bem de nossos cidadãos depende da altivez dos que se apresentaram para o comando. As ferrovias do Brasil foram abandonadas desde a década de 30 do século passado, desde a década de 50 vêm sofrendo com o forte lobby automobilístico, e na década de noventa sofreram seu maior revés, quando as linhas foram entregues a concessionários privados e, portanto, descompromissados com o bem geral e com o interesse nacional.

O trem significa alimento mais barato na mesa do trabalhador, significa competitividade internacional, traz segurança às estradas de rodagem, evita o desperdício de recursos e corta drasticamente as emissões de gases poluentes e de efeito estufa no meio ambiente. Por isso tudo o trem significa desenvolvimento e, mais importante, desenvolvimento sustentável.

Apesar de vivermos no momento do lançamento deste livro uma situação de extrema desestabilidade política e econômica, com um governo tampão que está intimidando o setor por meio da incompreensível antecipação da prorrogação das danosas concessões a empresas que sequer cumpriram os contratos vigentes, apesar de vivermos imersos em manchetes diárias que revelam porões do poder que estarrecem a nação, entendo que temos de levantar o queixo, olhar para frente e perceber que se no momento o investimento em obras está limitado pelos fatores apontados, podemos valer-nos da nossa honrosa engenharia de ponta para planejar o futuro ferroviário e viabilizar que os trilhos existentes, notadamente os trechos abandonados da norte-sul, entrem finalmente em ação de forma a propiciar ao país a garantia do ir e vir da forma mais eficiente que o homem pôde conceber e o tão almejado desenvolvimento desse gigante que teima em retardar seu grande despertar.

A Madeira-Mamoré é um exemplo ímpar do poder da determinação e do compromisso com o futuro.

Sigamo-lo!

José Manoel Ferreira Gonçalves

UM TESOURO ESCONDIDO NA FLORESTA

No século XVIII, o naturalista francês Charles Marie de La Condamine ficou muito interessado quando tomou conhecimento da seiva pegajosa e espessa, extraída das seringueiras, com a qual os índios da Amazônia confeccionavam objetos. Assim relatou sua descoberta à Academia de Ciências da França, em 1774: "Os índios fabricam garrafas, botas e bolas ocas, que se achatam quando apertadas, mas que retornam à sua primitiva forma, desde que estejam livres". Condamine despertou a curiosidade da comunidade científica, que rapidamente tornou pública a novidade, fazendo com que o mundo voltasse seus olhos para a até então desimportante floresta amazônica.

O achado dele foi o primeiro passo para aquele que viria ser um dos maiores ciclos econômicos do Brasil, o "Ciclo da Borracha".

O naturalista Charles Marie de la Condamine (1701-1774).
Gravura por P. Choffer.

Durante os primeiros quatro séculos e meio após o descobrimento, não tendo sido encontradas riquezas naturais como o ouro e outros minerais preciosos na Amazônia, as populações da hileia brasileira viviam praticamente em isolamento. Nem a coroa portuguesa nem o império brasileiro conseguiram concretizar ações governamentais que incentivassem o progresso na região. Seus habitantes viviam à margem da economia mundial, recorrendo apenas ao extrativismo vegetal. A economia regional se desenvolvia por ciclos breves, acompanhando estritamente os eventuais interesses do mercado pelos diversos recursos naturais da região, em especial as drogas obtidas das plantas nativas.

Mas o desenvolvimento tecnológico e a Revolução Industrial na Europa, no influxo da revelação de Condamine, fizeram da borracha natural, até então extraída exclusivamente na Amazônia, um produto muito procurado e valorizado que gerava lucros e dividendos a quem quer que se aventurasse em seu comércio. A primeira fábrica de produtos de borracha, dedicada à produção de ligas elásticas e suspensórios, surgiu em Paris, no ano de 1803. No seu encalço, diversos outros empreendimentos voltados à fabricação e comercialização de artigos derivados da borracha eclodiram pela Europa e América do Norte.

Esse interesse pelo líquido que emanava das seringueiras mudaria a face da Amazônia.

Extração de látex de uma seringueira

Iniciou-se, assim, na segunda metade do século XIX, a corrida em busca da borracha. Uma grande quantidade de estrangeiros e brasileiros se aventurou rumo à Amazônia, com a intenção de conhecer a seringueira e os métodos e processos de extração. Havia exemplos de sucesso no novo empreendimento, e todos queriam lucrar de alguma forma com aquela que passou a se chamar a “árvore da fortuna”.

A DISPUTA PELO ACRE:
O TRATADO DE PETRÓPOLIS

Em 1750, o estado do Acre era propriedade da Bolívia. A região era selvagem, mas encerrava um patrimônio precioso: o látex, extraído das seringueiras nativas. Isso fazia com que houvesse naquela região uma busca intensa pela substância, o que motivou os seringueiros brasileiros a subirem o rio Purus e iniciarem o povoamento da região.

Foi só no ano de 1898 que o Brasil reconheceu que aquele território pertencia à Bolívia, embora os bolivianos não o povoassem devido ao difícil acesso e o Acre, de certa forma, fosse ainda uma "terra de ninguém".

Naquele mesmo ano, a Bolívia enviou uma missão de ocupação ao Acre, provocando a indignação do grande número de colonos brasileiros que já o habitavam. Um ano depois, em maio de 1890, os colonos se revoltaram e foram às armas, contando com o apoio do Estado do Amazonas. Pressionados, os bolivianos foram obrigados a deixar a região. Mas o governador do Amazonas, Ramalho Júnior, temia o retorno dos bolivianos e organizou uma unidade de aventureiros, incumbidos de uma missão: ir à zona de conflito e proclamar a República do Acre. Assim eles o fizeram no dia 14 de julho de 1899, mudando o nome daquelas terras para Porto Acre. O governo brasileiro, porém, tomando ciência do ocorrido e discordando dos revoltosos, reconheceu a região como território boliviano e, a fim de dissipar quaisquer mal-entendidos, enviou tropas armadas à fronteira. No dia 15 de março de 1900, elas dissolveram a República do Acre.

Após esse episódio, a Bolívia organizou uma pequena missão militar de ocupação da região. Mas os soldados foram impedidos de fazê-lo pelos brasileiros, que ainda se encontravam no local da contenda. Como na primeira vez, os revoltosos contaram com o apoio do governador do Amazonas à época, Silvério Neri, que enviou uma nova expedição para a ocupação, denominada "Expedição dos Poetas". Os "poetas" proclamaram a segunda República do Acre em novembro de 1900. Um mês depois, novamente a tropa militar boliviana colocou fim à República.

A disputa, porém, não cessou: em 6 de agosto de 1902, o militar brasileiro Plácido de Castro foi enviado para o Acre pelo governador do Estado do Amazonas e iniciou a Revolução Acreana. Os rebeldes tomaram toda a região e implantaram a terceira República do Acre, agora com o apoio do presidente do Brasil, Rodrigues Alves, e do seu ministro do Exterior, o grande articulador e definidor das fronteiras brasileiras, Barão do Rio Branco.

O Barão do Rio Branco (1845-1912) (imagem: Mapoteca do Ministério das Relações Exteriores, Rio de Janeiro)

A Bolívia pensou em reagir mais uma vez à tomada do território acreano, mas antes que ocorresse alguma batalha significativa, o Barão do Rio Branco intermediou diplomaticamente a contenda, propondo um acordo entre o Brasil e a Bolívia: aquele que ficou conhecido como o "Tratado de Petrópolis", firmado em 17 de novembro de 1903.

Mapa do Tratado de Petrópolis (imagem: Mabuya Comunicação e Design/Reprodução)

O tratado estabeleceu definitivamente as fronteiras entre Brasil e Bolívia, compensando a anexação do Acre ao Brasil por meio da cessão de pequenos territórios próximos à foz do Rio Abunã e na bacia do rio Paraguai. Nosso país também pagou a quantia de 2 milhões de libras esterlinas à Bolívia, o que corresponde nos dias de hoje a cerca de 630 milhões de reais.

A última cláusula do contrato dizia respeito à situação geopolítica da Bolívia.

Como aquele país perdeu, após a guerra com o Chile, sua saída para o mar, por onde escoava sua produção, dois artigos do Tratado de Petrópolis estabeleceram um Tratado de Comércio e Navegação que permitia à Bolívia usar os rios brasileiros para alcançar o Oceano Atlântico. Além disso, a Bolívia poderia estabelecer alfândegas em Belém, Manaus, Corumbá e outros pontos da fronteira entre os dois países; da mesma forma, o Brasil teria liberdade de criar aduanas na fronteira com a Bolívia.

O Brasil assumiu, por último, as obrigações de demarcar a nova fronteira com o Peru e de construir uma ferrovia "desde o porto de Santo Antônio, no rio Madeira, até Guajará-Mirim, no Mamoré", com um ramal que atingisse o território boliviano. Fora dado, assim, o pontapé inicial para a construção da Estrada de Ferro Madeira-Mamoré.

FERRO E SANGUE NA SELVA:
A "FERROVIA DO DIABO"

A construção da Estrada de Ferro Madeira-Mamoré é um capítulo épico das páginas da nossa história. Por cinco décadas, desde as primeiras ideias até sua conclusão em 1912, milhares de pessoas enfrentaram o desconhecido, as doenças, o medo e a morte numa obra que parecia interminável, quando não irrealizável.

Estimam-se em mais de 5.000 os óbitos causados por moléstias tropicais desconhecidas, ataques de índios e de animais selvagens, acidentes e desaparecimentos na mata, entre outros imprevistos que assolavam os trabalhadores diretamente envolvidos em sua construção.

Trabalhadores executam assentamento de dormentes e trilhos em trecho da ferrovia Madeira-Mamoré, em 1909-1910 (imagem: BNDES/Museu Paulista da USP)

As origens

As lutas pela independência na América Espanhola e, posteriormente, guerras localizadas pela posse de regiões de contestado, resultaram, conforme já mencionei, na perda do acesso direto ao oceano Pacífico por parte da Bolívia. Assim, desde meados do século XIX a ideia de alcançar o Atlântico pelos rios Madeira e Amazonas era cultivada naquele país, como forma de estabelecer uma rota sólida para a comercialização de suas riquezas, em particular a borracha. O grande empecilho à navegação nesta rota estava no trecho encachoeirado do rio Madeira, um trecho de cerca de 300 quilômetros entre o rio Mamoré e Santo Antônio do Rio Madeira.

A Cachoeira do Teotônio, em Porto Velho (RO)
(imagem: Wilson Dias/Agência Brasil)

Desde cedo surgiram propostas para a construção de uma ferrovia que transpusesse esse trecho, margeando o rio.

Para o Brasil, essa era também uma solução conveniente, uma vez que abriria nova rota de acesso ao Mato Grosso, o que era até então feito quase que exclusivamente pela bacia do Prata, navegando-se o rio Paraguai. A "Guerra do Paraguai" obstruiu este caminho e se encarregou de tornar evidente ao governo imperial brasileiro toda a importância política e estratégica de uma nova ligação, desta vez navegando-se os rios Madeira, Mamoré e Guaporé.

A Estrada de Ferro Madeira-Mamoré e o início de Porto Velho, em 1909
(imagem: Revista Kosmos/Biblioteca Nacional Digital do Brasil)

As primeiras tentativas

Após vários estudos e propostas, no início da década de 1870 foram feitas as primeiras tentativas de construção de uma ferrovia que atendesse àqueles objetivos.

Em 1º de março de 1871 o coronel norte-americano George Earl Church, de posse de concessões dos governos boliviano e brasileiro, constituiu a Madeira & Mamoré Railway Company Limited, que contratou a empresa britânica Public Works Construction Company para executar a obra.

Coronel George Earl Church (1835-1910)

Grupo de norte-americanos chegando de navio a vapor em Porto Velho (RO)

O primeiro grupo de engenheiros chegou a Santo Antonio do Madeira, nada mais que um pequeno aglomerado de casebres, em 6 de julho de 1872. Poucos dias depois, os primeiros carregamentos de materiais de construção, equipamentos e operários, trazidos de navio desde os Estados Unidos, chegaram ao local.

Logo surgiram obstáculos de todo tipo na selva, e a Public Works abandonou o canteiro de obras um ano depois, sem conseguir assentar um único metro de trilhos. Em 09 de julho de 1873, a PWCC entrou na justiça britânica com um pedido de rescisão de contrato e de indenização, alegando, entre outras razões, "condições sub-humanas na região". Basicamente, a MMRC e a PWCC foram derrotadas pelo desconhecimento do local e pelo mau planejamento da obra, que fora feito sem o indispensável conhecimento prévio das condições de trabalho.

Os grandes problemas enfrentados pela empreteira foram basicamente os seguintes:

a) A insalubridade e as doenças, imprevistas e muitas vezes desconhecidas;

b) Os ataques de indígenas, que defendiam suas terras milenares de invasores que simplesmente os ignoravam;

c) A conclusão de que os custos da obra seriam bem maiores do que o dobro do originalmente previsto;

d) A constatação de que a ferrovia teria extensão significativamente maior que a esperada, o que representria uma das principais causas do aumento dos custos.

OUR FIRST INTERVIEW WITH CARIPUNA INDIANS

CRAFT ON THE AMAZON AND THE MADEIRA RIVERS

Série "A Amazônia e o Rio Madeira" (Franz Keller, 1874)

Grupo de trabalhadores junto à cachoeira do rio Madeira em época de seca

Trabalhadores às margens do rio Madeira

Durante a batalha jurídica que se seguiu, o coronel George Earl Church ainda contratou duas outras empreiteiras, num esforço quase desesperado para realizar sua obra.

A primeira empresa contratada após os esforços baldados da PWCC foi a Dorsay & Caldwell, construtora americana, que assumiu o compromisso de implantar 15 quilômetros de linha, sem receber nenhum pagamento, enquanto corria o processo no foro londrino. A empreiteira assinou um contrato em 17 de setembro de 1873. O primeiro e pequeno grupo de trabalhadores chegou ao local da obra em janeiro de 1874. Mas a comitiva retornou poucos dias depois aos EUA, logo após a primeira morte por doença.

Em 19 de fevereiro de 1878, a firma norte-americana P&T Collins, a segunda a ser contratada, desembarcou em Santo Antonio com mais de 700 toneladas de cargas para dar andamento aos trabalhos. A construção teve início em meio às já conhecidas dificuldades. Até maio de 1879, os resultados, obtidos a custos da ordem de 500 mil dólares, foram 108 quilômetros de projeto definitivo demarcado; 40 quilômetros de faixa desmatada para a linha do trem; 11 quilômetros de terraplenagem prontos; 9 pontilhões de madeira instalados, medindo 443 metros no total, e nenhum só quilômetro de ferrovia...

Em 4 de julho de 1878, comemorando o "Independence Day", a data nacional norte-americana, a primeira locomotiva a trafegar na Amazônia andou num trecho de três quilômetros de extensão, dos quais apenas 800 metros eram definitivos. Era a conhecida Coronel Church, a máquina 12, que pode ser vista até hoje no Museu da Estrada de Ferro Madeira-Mamoré.

Pelas mesmas razões encontradas pela Public Works, em 19 de agosto de 1879, a P&T Collins paralisou oficialmente as obras da ferrovia. Tudo voltava à estaca zero.

Locomotiva Coronel Church, a máquina 12
(imagem: Ivo Feitosa/Reprodução)

A ferrovia da morte

Em 1882, os governos do Brasil e da Bolívia assinaram um tratado relativo à navegação de seus rios fronteiros e à construção de uma estrada de ferro, ligando o rio Mamoré ao trecho navegável do Madeira. Novos estudos sobre a viabilidade da obra foram encomendados pelo governo brasileiro. Em 1883, a denominada Comissão Morsing produziu um relatório, que mais tarde se mostrou basicamente correto, embora inconcluso, pois as doenças praticamente dizimaram os integrantes da equipe. A Comissão Pinkas, estabelecida um ano depois, substituiu-a e produziu um relatório bem mais otimista que o da Comissão Morsing, embora alguns a tenham acusado a de tê-lo forjado, sem uma investigação concreta dos fatos. A grande discrepância entre os dois estudos deu margem a severas críticas ao projeto da ferrovia.

Abertura na selva para o início das obras

Grupo de brasileiros e engenheiros

Somente em 1905, por força do Tratado de Petrópolis (que fora assinado em 1903, como mencionado acima), do qual eram signatários o Brasil e a Bolívia e que tinha como objetivo por fim ao litígio originado com a luta pela posse da área do atual estado do Acre, o governo brasileiro abriu concorrência pública para a construção da ferrovia. O vencedor da licitação foi o engenheiro Joaquim Catramby.

O tratado obrigava o Brasil a construir em território brasileiro uma ferrovia desde o porto de Santo Antonio, no Rio Madeira, até Guajará Mirim, no Mamoré. Deveria também conter um ramal que, passando por Vila Murtinho (ou outro ponto próximo), chegasse a Vila Bela, na Bolívia, na confluência dos rios Beni e Mamoré. Segundo Catramby, porém, a ferrovia acabou não partindo de Santo Antonio. Em artigo escrito para o Clube de Engenharia do Rio de Janeiro, o engenheiro afirma o seguinte:

"Se a estrada tivesse tido o seu ponto inicial em Santo Antônio, ter-se-ia podido contar o quarto desastre da Madeira Mamoré. Levado por essa convicção, e apesar do Tratado de Petrópolis determinar taxativamente que esse fosse o ponto de partida da estrada, procurei o então Ministro de Indústria, Viação e obras Públicas, Doutor Miguel Calmon, a quem expus as vantagens que me levaram a pugnar pela idéia de se dar começo à estrada em Porto Velho. Manifestando-se de acordo com essa idéia, o Ministro aprovou, pelo aviso nº 2, de 16 de janeiro de 1908, a preferência dada a essa localidade para início das obras da via férrea."

Grupo em Porto Velho (Rondônia) durante a visita do engenheiro fiscal (1908)

Derrubada de árvores para a construção da ferrovia em Porto Velho, Rondônia (1908)

A empresa americana May, Jekill & Randolph foi encarregada de sua execução, iniciada em 1908. É aí que entra em cena o verdadeiro construtor da ferrovia, Percival Farqhuar, que foi à época o principal representante do imperialismo Americano no Brasil. Atuava em grandes empreendimentos, que iam de portos e empresas de navegação a madeireiras. Para se ter idéia da abrangência de seus negócios, ele foi um dos grandes responsáveis por parte da destruição ambiental da Mata Atlântica no sul e sudeste do Brasil, graças à atividade de uma serraria de sua propriedade. O americano representava o capitalismo espoliativo do início do século XX, e, como tal, não possuía qualquer compromisso com o real desenvolvimento de nossa pátria.

Em 02 de agosto de 1907, em Portland (EUA), Percival Farqhuar fundou a Madeira Mamoré Railway Co. Costuma-se dizer que Catramby foi um simples "testa de ferro" de Farqhuar, que já era então um condutor de grandes empreendimentos nos EUA e na América Central. No Brasil, quando Catramby e ele entraram em acordo, já conduzia a construção do Porto do Pará.

Em 25 de fevereiro de 1909, a Madeira Mamoré Railway Co. assinou, com o governo brasileiro, um contrato de arrendamento da estrada de ferro por um período de 60 anos, a contar de 1º de julho de 1912, ano previsto para sua conclusão.

Estrada de Ferro Madeira-Mamoré

Mais de 20 mil operários trabalharam na obra neste período (alguns autores falam em 34 mil pessoas). Em função das já citadas adversidades, centenas de trabalhadores morreriam. Logo no início das obras (ou reinício, se levadas em consideração as baldadas tentativas anteriores), o empreendimento viu-se ameaçado pelas condições sanitárias da região. Metade dos trabalhadores, adoecidos, morriam. Os sobreviventes tornavam-se pessoas debilitadas e dificilmente seguiam trabalhando. No segundo ano, o período médio de vida dos operários era de apenas três meses...

Em 1908, o já consagrado sanitarista Oswaldo Cruz visitou as obras da Ferrovia Madeira-Mamoré, acompanhado pelo médico Belizário Pena, para desenvolver um plano de combate às epidemias que assolavam a região, de modo a permitir o pleno andamento das obras em meio à Floresta Amazônica. O resultado desta viagem foi um plano de profilaxia da doença, do qual constavam a utilização de mosquiteiros nas casas ou leitos dos trabalhadores e a aplicação compulsória de quinino junto a eles. Uma unidade hospitalar, o Hospital da Candelária, que dispunha de vários médicos especializados em doenças tropicais, foi estruturada com o objetivo de atender às necessidades da época. Porém, nem ela nem as medidas sugeridas por Oswaldo Cruz foram suficientes para resolver os problemas e dramas vividos pelos trabalhadores da ferrovia. Os médicos, que já haviam atuado em outras localidades inóspitas no mundo, constataram que nenhum outro lugar se comparava àquela região insalubre.

Dispensário e enfermaria do hospital Candelária, à época da construção da ferrovia Madeira-Mamoré (imagem: BNDES/ Museu Paulista da USP)

Os registros oficiais do Hospital da Candelária, à época a melhor referência no tratamento de doenças tropicais na região e quiçá no país, mostram que no período de janeiro de 1909 a dezembro de 1912 foram ali atendidos 145.647 doentes. E que ocorreram, durante este período no hospital, 1.552 óbitos. Há quem afirme, entretanto, que o número (não revelado pelas autoridades) seria de mais de 5 mil trabalhadores, incluindo-se os que morreram fora do hospital. Não é procedente, portanto, a lenda que diz que cada dormente da estrada representa uma vida perdida, o que teria feito com que a EFMM fosse chamada de "ferrovia do diabo" (ou "da morte") por alguns autores. Apenas título de ilustração, nos seus 366 quilômetros a estrada tinha cerca de 750 mil dormentes. Mesmo assim, a morte rondava sinistramente a Madeira-Mamoré. As moléstias que mais castigaram os operários foram a pneumonia, que matou cerca de 60% dos afetados pela doença; o sarampo, moléstia trazida à região pelo vapor Borborema, em 1910; a ancilostomíase, infecção intestinal que atacou cerca de 80% dos operários; o beribéri, de causa ignorada nos tempos da construção e que atacou um pequeno número de trabalhadores; a febre amarela, trazida por passageiros vindos de Manaus, e que não chegou a se disseminar.

Mas o impaludismo foi o grande mal, e grande a mortandade por ele causada. Devido a ele, Oswaldo Cruz chegou a afirmar que a população local "não sabia o que era estado saudável", uma vez que a condição de enfermo era a normalidade (vale dizer que, mesmo nos dias atuais, existem localidades em Rondônia em que anualmente quase toda a população é atacada pela moléstia. E isso se repete ano após ano, principalmente nos períodos em que os rios começam a baixar).

Alojamento de médicos e enfermeiras do hospital Candelária
(imagem: BNDES/Museu Paulista da USP)

Cemitério da Candelária, atrás do hospital, à época da
construção da ferrovia Madeira-Mamoré
(imagem: BNDES/Museu Paulista da USP)

Esses homens que dedicavam seus esforços e — muitas vezes — suas vidas à obra de Farquhar e do nosso governo eram na maior parte brasileiros. Mas uma grande quantidade de trabalhadores negros de outros países foi recrutada e trazida para cá. Vinham de vários lugares: Guianas, Espanha, Jamaica, Panamá, Colômbia e Ilha de Barbados, entre outros. Ficaram conhecidos como barbadianos, apesar de nem todos serem provenientes da Ilha de Barbados (seria mais coerente defini-los como antilhanos). Acreditava-se e divulgava-se naquele tempo que os negros eram mais resistentes ao calor e à malária. O que, é claro, não foi comprovado, visto que milhares de trabalhadores, independentemente da cor, morreram vitimados pela malária e as outras doenças.

Em menor número, encontravam-se entre eles italianos, franceses, indianos, húngaros, poloneses, dinamarqueses e gregos. Pode-se dizer que uma força de trabalho mundial foi posta em ação e, recorrentemente, dizimada.

Negras barbadianas e norte-americano na lavanderia a vapor, em Porto Velho (imagem: BNDES/Museu Paulista da USP)

Trabalhadores fazendo suas refeições em frente a uma cabana de palmeira (imagem: BNDES/Museu Paulista da USP)

Excursionistas percorrendo a ferrovia (1909)

Apesar dos percalços, Farqhuar e seus operários iam estendendo os trilhos pelos caminhos abertos na floresta. Muitos morriam, alguns sobreviviam, todos sofriam. Nestas condições, aquela que já fora considerada uma ferrovia impossível de se construir ia virando realidade.

O primeiro trecho, com 90 quilômetros de extensão, entre Porto Velho e Jaci Paraná, foi solenemente inaugurado em 31 de maio de 1910. O segundo, com 62 quilômetros, foi inaugurado em 30 de outubro de 1910. A ferrovia alcançava agora a Cachoeira dos Três Irmãos, com 152 quilômetros de trilhos percorrendo sinuosamente a selva.

Em 7 de setembro de 1911, comemorando-se a Independência do Brasil, foi inaugurado o trecho desde Porto Velho até Abunã, na foz do rio de mesmo nome, com 220 quilômetros de extensão. Embora matematicamente incorreto, esse era considerado o ponto médio da estrada.

Ao final do ano de 1911 já haviam sido nstalados 306 quilômetros de trilhos.

Finalmente, em 30 de abril de 1912, foi assentado o último dormente da Estrada de Ferro Madeira-Mamoré, em Guajará Mirim, o ponto final. Mas só em 1º de agosto de 1912 foi inaugurado este último trecho, dando-se a obra por encerrada.

Quando foi finalmente concluída, a ferrovia ligava Porto Velho (cidade que foi construída devido às atividades ferroviárias) a Guajará Mirim, na fronteira com a Bolívia, numa extensão de 364 quilômetros. Mais tarde, uma pequena alteração no traçado aumentou essa distância para 366 quilômetros.

Vista parcial de Porto Velho (imagem: BNDES/ Museu Paulista da USP)

Trecho da ferrovia Madeira-Mamoré (imagem: BNDES/ Museu Paulista da USP)

As autoridades brasileiras a inauguraram com grande pompa, anunciando ao país um novo caminho para o progresso da nação. Fizeram o percurso final de trem. Sob o ferro em que andavam, o sangue de seus construtores era o testemunho de uma das obras ferroviárias mais difíceis (ou sinistras) da história mundial. Por outro lado, inaugurava no extremo norte do a maneira mais racional e econômica de se transportar produtos brasileiros para dentro e para fora do país.

O declínio

Ao tempo em que a obra da estrada de ferro era concluída, os seringais plantados na Malásia entraram em produção e tornaram proibitivos os preços da borracha produzida na Amazônia, cuja elaboração obedecia a técnicas antiquadas e de baixa produtividade. Foi o fim do chamado "Primeiro Ciclo da Borracha". Uma vez que os trens eram usados quase que integralmente para transportar borracha, sobreveio o gradativo declínio da Madeira-Mamoré.

Em 30 de junho de 1931, como consequência de seguidos prejuízos, resultantes basicamente desta queda do comércio da borracha com os produtores da Amazônia, bem como da ausência de novos produtos a transportar, a Madeira-Mamoré Railway Company paralisou o tráfego. Decorridos dez dias de prazo contratual, sem que a Companhia retomasse as operações, em 10 de julho de 1931, através do Decreto nº 20.200, o Governo Federal assumiu o controle total da estrada de ferro, passando a administrá-la. Durante todo o período restante de funcionamento a ferrovia operou com prejuízos.

Assim, devido ao desaquecimento da monocultura na região, em 1º de julho de 1972, após a conclusão da ligação rodoviária entre Porto Velho e Guajará Mirim, a ferrovia foi definitivamente desativada. As máquinas silenciaram, o mato cobriu os trilhos, e o meio de transporte com o melhor custo/benefício, jamais superado até hoje, cedeu lugar na Amazônia aos dispendiosos e poluidores carros e caminhões.

Trem carregando passageiros e autoridades sobre afluente do rio Madeira (imagem: BNDES/Museu Paulista da USP)

Trabalhadores na oficina ferroviária de Porto Velho, em frente ao rio Madeira (imagem: BNDES/Museu Paulista da USP)

Um pequeno trecho de sete quilômetros, entre Porto Velho e Santo Antonio do Madeira (onde não existe mais a pequena vila do início do século) voltou ao tráfego em 5 de maio de 1981 para fins turísticos. O trecho permaneceu reativado até o ano 2000 e alcançou o quilômetro 25, local de uma antiga vila de ferroviários, na altura do Salto do Teotônio, a maior das cachoeiras do Madeira.

Hoje, a Madeira-Mamoré continua sendo um dos principais e mais importantes cartões-postais de Rondônia. Foi tombada pelo Patrimônio Histórico Nacional e as autoridades rondonienses lutam para que se torne, também, patrimônio da humanidade.

Este livro foi impresso em papel pólen 80 g/m², tipologia Georgia 14/16,8, no inverno de 2017.